香江社会救助基金会
Heungkong Charitable Foundation

香江心灵成长计划
CHILD MENTAL HEALTH PROJECT

儿童心理健康活动操作指南

感恩与生命教育

香江社会救助基金会 编著

广东高等教育出版社
Guangdong Higher Education Press
·广州·

图书在版编目（CIP）数据

感恩与生命教育 / 香江社会救助基金会编著. -- 广州：广东高等教育出版社，2024. 7. --（儿童心理健康活动操作指南）. --ISBN 978-7-5361-7703-1（2024. 12 重印）

Ⅰ. G611；B083-49

中国国家版本馆 CIP 数据核字第 2024L19K53 号

扫码下载本书多媒体课件

GANEN YU SHENGMING JIAOYU

出版发行	广东高等教育出版社 地址：广州市天河区林和西横路 邮编：510500　　电话：（020）87554153 网址：www.gdgjs.com.cn
印　　刷	广州市新思程印刷有限公司
开　　本	787 mm × 1092 mm　1/16
印　　张	3.25
字　　数	65 千
版　　次	2024 年 7 月第 1 版
印　　次	2024 年 12 月第 2 次印刷
定　　价	22.00 元

编委会

简 介

主题目标

1. 让学生明白自己的生活和学习离不开父母、老师、朋友等的付出。

2. 让学生学会用积极向上、他人喜欢的方式表达感谢。

3. 让学生懂得敬畏生命、珍惜生命，能够以积极的态度面对生活与期待未来。

主题内容

1. 感恩父母：让学生了解生命的诞生过程，通过“护蛋行动”等游戏体验父母养育孩子的艰辛，指导学生学会用实际行动感谢父母。

2. 感恩朋友：带领学生学习朋友的不同写法及有关朋友的诗句，让学生对朋友的定义、意义有更深的认识，通过游戏及手工制作学习交友的艺术。

3. 感念师恩：让学生学习世界各地教师节的来源，通过卡通故事认识大成至圣先师孔子，运用舞蹈的方式感谢亲爱的老师。

4. 感恩生命：带领学生学习生命的历程及了解成长中可能面临的困难，通过游戏、故事阅读及绘画等形式，让学生正确面对困难，展望未来。

5. 新年团圆：师生共读绘本故事，感恩团圆的来之不易，学习传统民族手艺剪窗花。

前言

有研究表明，近年来，中小学生群体中普遍存在各种类型的心理问题和障碍，包括抑郁、焦虑、学习障碍、自伤乃至自杀等。在某些年龄段，心理问题的发生率甚至达到了10%以上。有心理学研究进一步发现，这些问题的背后存在一个容易被人忽略的事实，那就是现在的孩子普遍缺乏感恩心理。正是因为缺乏对父母的感恩、对师友的感恩、对社会的感恩，面对唾手可得的幸福生活，一些学生可能觉得自己得到的一切都是理所应当的，不懂得珍惜生活，甚至不懂得珍惜自己的生命。

正是基于这样的背景，编者设计了以“感恩与生命教育”为主题的心理课程。本课程的目标就是要通过多种多样的、活泼生动的心理活动，让学生理解父母、老师和朋友等在自己生活和学习中的不可或缺的作用，在此基础上学会运用适当的方式表达感恩，体会生命的可贵和不易，懂得珍惜和敬畏生命，最终达到培养感恩这一心理品质的目标。

本课程无论在内容设计还是活动形式和方法上都有一系列亮点。这突出地表现在以下几个方面。

其一，本课程的内容囊括了学生基本的人际关系和值得感恩的角色，如父母、教师、朋友，设置了“感恩父母”“感谢朋友”“感念师恩”三课；此外，还从生命教育的视角设置了“感恩生命”一课，让学生们理解人生，珍惜和敬畏生命；结合中国传统的过年习俗，让学生们理解、珍惜家庭成员的团圆，并对此充满感恩。显然，这种从心理学视角开展的全方位的感恩教育，对于改善当代儿童的心理健康、帮助其形成朴素的人伦道德具有重要作用。

其二，在具体的教学方法上，本课程做到了寓教于乐、理情融合，将教师的适当讲授与学生的讨论、体验结合为一体，而且还融合了妙趣横生的生活小实验，让学生在快乐中有所得、有所感、有所悟，体会生命的来之不易，体认父母的恩情、教师的辛苦以及友情的可贵。可以说，这种安排符合儿童期充满探索欲、好动热情的心理发展特征，能够更好地激发学生参与的兴趣，让他们在愉悦的情绪中感悟到人生的大道理，真正地做到了在做中学、在乐中学。

不仅如此，在具体的教学安排中，本课程还力求将最新的技术手段、有效的心理学研究结果运用到教学中，以获得最优的教学效果；结合多媒体课件教学，在教师有计划的引导下，让学生掌握思维导图的使用方法，形成更有效率的思维方式。这样，学生在接受心理健康教育的同时，也提升了思维能力。

其三，本课程的设置紧密结合学生的日常生活，将教学内容与学生的吃穿住行用融为一体，教学材料、实验用品等都来自学生的日常用品，可以说是俯拾皆是。而且，开展的教学活动也都是学生习以为常的，如各种游戏、阅读，学生可以在轻松愉快的气氛中完成任务，并产生深刻的感悟和体验。换言之，课程教学与学生生活的紧密结合有助于创设一种既亲切有趣而又不失严肃的课堂氛围，使学生更容易融入其中，从而确保心理健康教育的效果。

此外，本课程还将古今中外的素材整合进来（如关于不同国家的教师节的情况和孔子的生平故事），既开阔了学生的视野，让他们能够了解现代社会和古今文化的不同侧面，又在教学中完成了传承中国优秀传统文化的教育任务。

最后，本课程的适用范围很广，不仅适用于心理学专业出身的教师，而且适用于非心理学专业的教师和社会工作者。目前，在一些地区，由于缺乏心理学专业出身的教师，很多儿童无法接受到充分的心理健康教育。可以说，这套课程的出现在很大程度上弥补了这种缺憾。它简易可行，与现实结合密切，即使是非心理学专业的教师和社会工作者，也能根据操作指南的指导，对儿童开展感恩与生命教育方面的心理健康教育。在此过程中，他们也可以不断提升自身的心理健康教育专业素质。

以上这些都是这套课程的亮点。编者可谓别出心裁，为学生编制了这套非常实用而有趣的课程。希望它能够切实地发挥作用，培养出一代富有感恩情怀的学生，也希望它对教师自身的成长发挥应有的作用。

谷传华
2022 年 11 月

谷传华简介：

中国心理学会认定心理学家。华中师范大学心理学院教授，博士生导师。北京师范大学心理学院发展心理研究所博士，美国孟菲斯大学和纽约州立大学访问学者。兼任湖北省中小学心理健康教育教材编委、湖北省儿童全面发展研究会副理事长。多年来一直在高校从事心理学的教学及研究工作，主要研究领域为心理健康教育、社会性与人格发展及社会创造性发展与培养。

目录

第一课 感恩父母

课　时

4 课时。

教学目标

1. 引导学生知道自己是怎么来的，了解宝宝是由精子和卵子结合发育而成的。

2. 引导学生感知生命孕育的过程，从而懂得珍惜生命。

3. 引导学生体验父母养育孩子的艰辛，学会感恩父母。

重点难点

教学重点：学会感恩父母。

教学难点：学习思维导图的使用方法。

教学方法

讲授法、讨论法、体验法、实验法。

教　具

多媒体课件（第一课“感恩父母”PPT、第一课第一课时角色名牌、《感恩与生命教育》问答卡）、绘本《小威向前冲》、双面胶、篮球或废弃报纸、白纸、笔、实验材料（详见第三课时教具）、配套《儿童心理健康活动训练手册：感恩与生命教育》（以下简称《训练手册》、“小威向前冲”视频（自行上网搜索）。

教学过程

第一课时

一 共读绘本——《小威向前冲》或观看视频（10 分钟）

（一）故事内容

绘本《小威向前冲》（［英］尼古拉斯·艾伦著）讲述的是：小威是个小精子，他和三亿个朋友一同住在布朗先生的身体里。小威的数学不好，却是个游泳健将。眼看游泳冠军赛的日子越来越近，小威每天都认真地练习。他知道他一定要游得飞快，才能赢得最后的大奖——一颗美丽的卵子。这一天终于到了，老师一声令下，小威拼命向前冲！他能够赢得冠军吗？比赛结束后，布朗太太的身体里发生了一件神奇美妙的事。

（二）想一想，说一说

1. 小威最终去哪里了？

师："小威跟卵子结合变成了受精卵，后面就慢慢长大成小娜啦！"

2. 你又是从哪里来的？

师："每个孩子都来自精子和卵子的结合，你也是经过爸爸妈妈共同努力诞生的小宝贝，是爸爸妈妈爱的结晶。"

3. 你觉得小威厉害吗？为什么？

师："比赛途中，即使好朋友马上就要赶上来了，小威也毫不畏惧，努力向前冲，最终成为了三亿精子游泳大赛的冠军。我们要向小威学习，遇见困难努力向前冲，最终获取胜利。"

4. 看完宝宝出生的整个过程，你有什么感受？

师："孕育新生命是一个漫长又艰辛的过程。我们要尊重和感谢我们的父母，感谢父母用爱和责任创造了新生命。"

教师可自行上网搜索"小威向前冲"视频播放。

（三）教师总结

师："小时候，我们问父母我们是从哪里来的，父母可能会开玩笑地说，是从垃圾堆里捡来的，或者是从石头里蹦出来的。那你现在知道自己是从哪里来的了吗？我们每一位学生都是经母亲怀胎生产而来到这世界的。母亲怀孕周期大多数为 38 ～ 40 周。婴儿出生后，靠父母悉心照顾长大。"

二 戏剧表演（30 分钟）

师："刚刚我们一起读了绘本《小威向前冲》，知道了我们从哪里来。其实，孕育一个新生命远比我们看到的更辛苦。为了让大家再次感受新生命孕育的过程，体验母亲孕育我们的艰辛，让我们用戏剧表演的方式将孕育新生命的过程展示出来吧。"

（一）教具

角色名牌（可打印多媒体课件版本或根据情况自行制作）、双面胶、篮球或废弃报纸、白纸、笔。

（二）过程

1. 分组、领取名牌及学习活动规则（5 分钟）。

（1）分组并领取名牌。按照班级人数及场地条件进行分组，小组成员领取角色名牌。需注意小组自由组合时，如果是混龄教学，教师需考虑组员年龄，尽量做到小组内混龄，由年纪较大的组员带领年纪较小的组员演绎。

（2）学习规则。教师告诉学生观看歌剧的小规则（这非常重要，有利于保持课堂纪律，同时让学生在心理课上学以致用，配合 PPT 页面——观众观剧礼仪）。

演出期间，观众不能大声喧哗、交头接耳，这是对演员的尊重，也是个人素质的体现。

演出完成时，演员谢幕，观众应鼓掌表示谢意。

2. 小组内进行讨论及排练演出（25 分钟）。

（1）选出组长、进行角色分工及设计对白。讨论决定组员饰演的角色，确定有多少个角色，制作角色名牌，角色确认以后设计对白。注意：

角色数量不定，根据组内讨论，引导学生发挥主观能动性自行设计和排练。

设计角色分工和对白，每位组员在自己的角色名牌背后写上 2 ～ 5 句对白。下面的对白仅作为参考例子，以方便老师更好地理解戏剧表演的形式。课程中鼓励学生设计对白而不是教师直接安排对白，目的是提高学生的参与性和投入度，从而更好地学习和理解生命诞生的意义及父母的爱。

（2）角色和对白参考（一名同学做旁白解释）。

精子：“我是精子，有三亿个好朋友，每天我们都一起学习游泳。”

一群精子：“我们的队伍好庞大、好庞大。如果要报数，就要一直报到第三亿个。”

卵子：“我是美丽的卵子，安静地躺在妈妈的卵巢里。”

受精卵：“精子终于找到了卵子，我是爸爸妈妈爱的结晶。”

妈妈：“宝宝在我的肚子里面慢慢长大，我的腰每天都好酸好胀。我很期待宝宝的出生。”（可模拟母亲怀孕蹲下、站起以及做家务等活动）

爸爸：“宝宝还没有出生，我已经充满了期待。他／她会像我一样喜欢足球吗？还是像妈妈喜欢唱歌，啦啦啦……”

受精卵变成胎儿：“在妈妈温暖的子宫里待了40周，我勇敢地冲出来，见到爸爸妈妈，他们为什么哭了？”

（3）命名本组戏剧，写在白纸上，例如“生命的诞生”“妈妈真辛苦”“谁是游泳冠军”等。

（4）排练演出。教师需要在此过程中进行指导，如可提前用废弃纸张制作一个假肚子或提前让学生准备一个篮球，让学生在戏剧表演中体验妈妈怀孕的艰辛。

三 内容拓展

如果时间充足，建议教师再具体讲解受精卵形成中遇到的困难、胎儿成长的过程，比如多个精子角色之间的互相竞争，胎儿角色在子宫里的一些表现等（如需要足够的营养、运动、脐带绕颈的危险），以方便学生更具体地了解孕育过程中的艰辛，从而在表演中提升对生命的敬畏之心及对父母的感恩之情。

课后作业

完成《训练手册》第一课的迷宫游戏。

教学过程

第二课时

一 正式演出（30 分钟）

1. 全部参演者排成一列，举止落落大方。

2. 旁白同学介绍戏剧名称："大家好，我们今天要为大家表演一场戏剧，叫《生命的诞生》，现在有请我的组员依次向大家介绍自己所扮演的角色。"

3. 每一位学生进行角色介绍，如"大家好，我的名字是黄小明，我这次扮演的是勇敢的精子"。

4. 所有学生介绍完毕后可开始表演。

5. 正式表演。表演后需有谢幕："感谢大家的观看"。教师引导学生观众鼓掌，增强仪式感；学生在了解真实剧院情况的同时，学习和体验观众的礼仪及演员的礼仪。

二 分享与总结（10 分钟）

学生分享戏剧活动感受，教师进行总结。

师："我们的生命都是爸爸妈妈给的，我们在妈妈的肚子里生长 10 个月才能出来，妈妈怀孕期间很辛苦，父母为我们付出了很多。我们渐渐长大，应该要更爱自己的爸爸妈妈，珍惜自己的生命。"

课后作业

完成《训练手册》第一课的"问卷小调研：亲爱的父母，您辛苦吗？"

教学过程

第三课时

护蛋行动

（一）教具

鸡蛋、小木棍或木筷子、彩色笔、白纸、透明胶、绳子、气球、矿泉水瓶、棉花、碎布、报纸、纸皮、快递箱、泡沫箱。（可选择一部分材料，不需全部备好）

（二）活动准备（15 分钟）

师：“在共读绘本和戏剧表演中，我们深刻地体验到孕育一个新生命其实是非常辛苦的，而这只是养育孩子的第一个环节。我们出生以后，由父母悉心照顾成长，父母总是担心我们吃不饱、穿不暖，担心我们的教育、健康等问题，默默地在背后为我们遮风挡雨，保护着我们。如果你作为父母，你会怎么保护自己的孩子呢？”

1. 规则。

（1）按照戏剧表演的分组，每个小组选派一位代表领取鸡蛋一枚。

（2）拿到鸡蛋后，请学生利用水彩笔给鸡蛋外表画上图案，使小组拥有属于小组的独一无二的鸡蛋。

2. 头脑风暴。

（1）师：“我们现在就是爸爸妈妈，鸡蛋就是我们的宝宝。有一天，鸡蛋要去远行了，我们要为它做一个安全装置。有什么高招能让鸡蛋从高楼摔下但不破呢？”

（2）打开《训练手册》第一课的“护蛋大作战”，完成思维导图。教师要求每组做一个思维导图，设计出合适的鸡蛋保护装置。请同学们把想到的方法在小组内讨论一下，并简单地画出设计图进行实验，可以是各类型的混合设计。

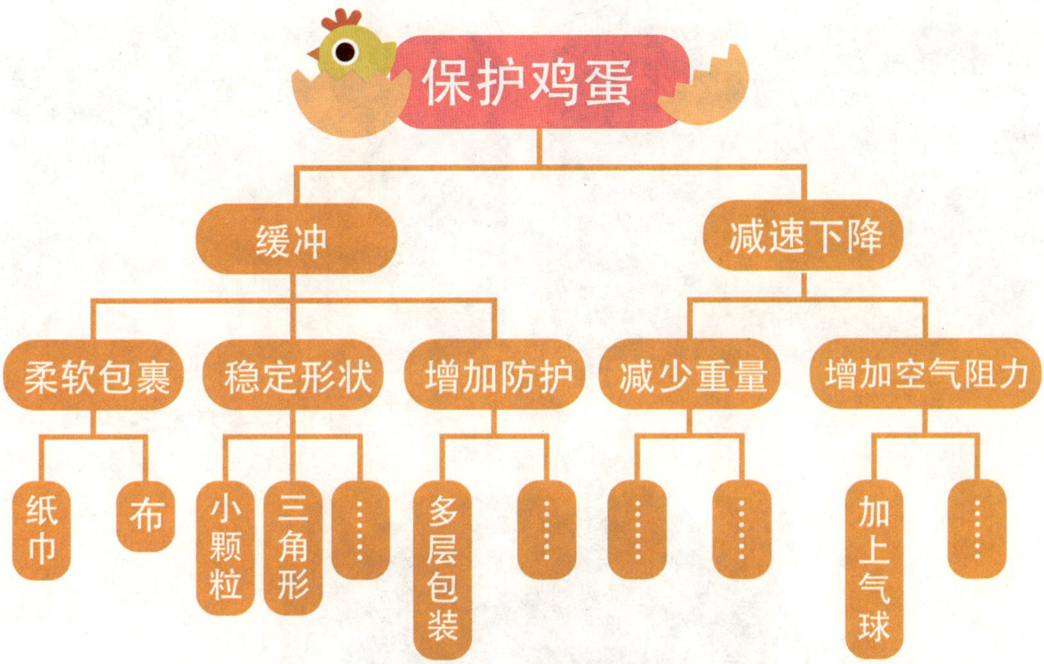

图 1–1　思维导图参考

（3）教师参考资料。

利用降落伞，增大空气阻力，以使鸡蛋连同整个装置平稳落地——这种方案最容易想到，因为跳伞、宇宙飞船减速，都运用了这个方法，效果很好，安全性极高，使整个装置达到较小的速度即可匀速下落，装置的重量也不会很重。唯一的缺点就是：受大气扰动影响太厉害，会使实验装置飘忽不定，准确性较差，往往不能落到指定位置，从而影响比赛成绩。

制作一个多面体，用结实的绳子将鸡蛋固定在多面体的中央，使整个鸡蛋悬空，见图 1–2 至图 1–4。装置落地后，不论哪个面着地，鸡蛋都不会着地，鸡蛋就完好无损了。这种方案只需要制作多面体的骨架和几根线即可，用料极其节省，因而重量会大大减小。因受空气阻力较小，所以稳定性较好。但这种方案也有一个大的缺点，就是多面体不易制作，不够结实，落地后可能会散架，那鸡蛋也就岌岌可危了。

图 1–2　参考图 1

图 1–3　参考图 2

图 1–4　参考图 3

（4）教师小结：“大家刚刚说到的辅助工具，无论是泡沫、棉花还是气泡柱，都是为了达到什么样的目的？”总结：缓冲和减速。

注意安全：高空投放鸡蛋，要注意学生安全和行人安全。例如，要在无人经过的地方投放，学生在高楼不能俯身攀爬，等等。

（三）过程（25 分钟）

1. 学生利用自备的道具为鸡蛋制作一个保护装置。

2. 根据场地条件设定障碍难度。如：将鸡蛋先从 1 米高度扔下，再从 2 楼高度扔下，看看鸡蛋是否破损。

教学过程

第四课时

一 护蛋行动活动总结（10 分钟）

教师提问学生。

（一）当你们为鸡蛋装饰的时候，有没有担心摔碎它

师：“照顾脆弱的生命是十分艰难的，比如给鸡蛋装饰，就像你很小很脆弱的时候，爸爸妈妈抱起软绵绵的你，小心翼翼地给你穿衣服。你担心摔碎鸡蛋，正如你的爸爸妈妈担心你受到伤害。”

（二）当你们小心翼翼保护的鸡蛋摔碎后，你们的心情是怎么样的

师：“鸡蛋摔碎后，你可能会觉得难过、伤心和自责，这些都是正常的情绪反应。当你生病或者受到伤害的时候，父母也会难过、伤心和自责，责怪自己为什么没能保护好你。父母养育我们很辛苦，所以我们也要学会保护好自己。”

（三）护蛋辛苦吗？想一想或写一写，父母在生活中是如何保护你们的

师：“保护鸡蛋很辛苦，但是相比于父母养育我们长大成人，保护鸡蛋是不是就显得容易多了？父母不仅要保护我们，还要照顾我们的衣食住行。虽然我们现在能为父母做的并不多，但我们要常怀感恩的心，可以通过主动分担家务等方式减轻父母的负担。”

二 爱的感谢信（28 分钟）

师：“在护蛋行动中，尽管有的小组未能完成保护鸡蛋的任务，但是老师知道各位同学已经做出了最大的努力，所以请同学们先给自己点个赞，你们都做得很棒！其实，我们

在想尽办法保护鸡蛋的时候，我们的父母也在想尽办法保护我们。父母养育我们很辛苦，我们要时常向父母表达爱。最后，我们一起来制作一封爱的感谢信来传达我们的爱吧！

（一）教具

彩色卡纸、白纸、彩纸、双面胶、油画棒、爱心折纸教程（PPT）。

（二）过程

1. 教师课前制作彩色卡纸相框，将小张白纸粘贴在大张彩色卡纸中间。
2. 每位学生领取一个彩色卡纸相框以及 2 ～ 3 张彩纸。
3. 教师教学生用彩纸折爱心折纸（教程看 PPT）作为卡纸相框的装饰，用双面胶粘贴。学生如会其他折纸，可鼓励学生发挥创意。
4. 学生用油画棒在卡纸画框内写下想对父母说的话，并附上签名及日期。
5. 教师提醒学生回家将这封爱的感谢信交给父母，并向爸爸妈妈说一声：“爸爸妈妈，谢谢你们，我爱你们！”

三 总复习（2 分钟）

教师使用《感恩与生命教育》问答卡，全班一起完成第一课的问答题。

课后作业

完成《训练手册》第一课的“爱心折纸”“我爱家长答谢券”。

教学反思记录表

年　　月　　日

班级		教师	
教学课题			

问题仅供参考：

1. 在教学过程中是否达成教学目标？如果没有，原因是什么？
2. 课程、教材的疑点有哪些？如何处理？
3. 在上课过程中，学生的疑点有哪些？如何处理？
4. 组织教学方面，启发是否恰当？有使用新方法吗？
5. 本次课程如有心理游戏或训练，是否运用到位？原因是什么？

第二课
感谢朋友

课　　时

3 课时。

教学目标

1. 让学生积极主动交往，能在生活中实践交友的艺术；

2. 让学生知道受欢迎的人的共同特征，掌握与朋友同行的艺术。

重点难点

掌握交友的方式和与朋友相处的方式。

教学方法

讲授法、讨论法、体验法。

教　　具

多媒体课件（第二课“感谢朋友”PPT、第二课第二课时“你来我往”视频、“你说我画”工作纸，第二课第三课时“友谊之花”视频、《感恩与生命教育》问答卡）、配套《训练手册》、《送杜少府之任蜀州》视频（自行上网搜索）、绘本《阿莫的生病日》、彩纸、笔、剪刀、透明胶、乒乓球、杯子、油画棒、白纸、碟子、气球、书本等。

教学过程

第一课时

一 “朋友”怎么写（15 分钟）

（一）猜一猜

PPT 展示甲骨文、篆文、隶书及楷书写法的“朋友”二字并设置问题。请学生观察文字本身，从文字拆解角度，解析“朋友”的内涵。目的是通过有趣的古文字学习调动学生的好奇心，激发学生的创造性思维，形象真切地理解交友的重要意义。

（二）写一写

打开《训练手册》第二课的“‘朋友’这样写”，用甲骨文、篆文、隶书及楷书写一写“朋友”二字。

二 关于描写“朋友”的成语和诗句（10 分钟）

师：“同学们，你们知道有哪些关于‘朋友’的诗句和成语吗？分小组说一说、比一比，看哪组说得多？”

（一）成语

情同手足、患难之交、推心置腹、心照神交、忘年之交、风雨同舟……

（二）诗句

1. 落地为兄弟，何必骨肉亲。——陶渊明《杂诗》，意为来到这个世界上的人都应该成为兄弟，又何必在乎骨肉之情、血缘之亲呢？

2. 与友交，言而有信。——《论语 · 学而》，意为交友注重讲诚信、重承诺，优秀的品质使友谊长久。

3. 海内存知己，天涯若比邻。——王勃《送杜少府之任蜀州》，表达对远方朋友的真挚情谊。

（三）通过视频认识“友谊”

1. 看视频：自行上网搜索王勃《送杜少府之任蜀州》视频，向学生播放。

2. 提问：

（1）诗中哪两位是好朋友？

参考答案：王勃和杜少府。

（2）“海内存知己，天涯若比邻”是什么意思？

参考答案：我们深知彼此的远大志向（鸿鹄之志），四海之内有知心的朋友，虽然远在天边，也像近邻一样亲近。

（四）总结

师：“我们感受了‘朋友’二字由古至今多种字体变化，也了解了‘朋友’一词的内涵。每个人心中也会有对于‘朋友’的定义，生活和学习中更有与好朋友的美好体验。”

三 制作友谊链（15 分钟）

（一）教具

彩纸、笔、剪刀、透明胶。

（二）过程

1. 每名学生拿到一张彩纸，用剪刀剪成自己喜欢的形状（心形、星形等）。

2. 在纸条上写下自己认为在交友中最重要的品质。

3. 将这些纸条首尾粘在一起，形成一条长链，将长链挂在教室中，最后全班学生一起欣赏。

教学过程

第二课时

师："第一节课，我们认识了'朋友'由古至今的写法。这节课我们来了解交友过程中重要的品质——沟通和理解。"

一 阅读绘本（10 分钟）

（一）教具

绘本《阿莫的生病日》（［美］菲利普·斯蒂德、埃琳·斯蒂德）。

（二）阅读绘本《阿莫的生病日》

书中描绘的小动物有拟人的特点：大象思维迟缓、乌龟行动拖延、企鹅内向害羞、犀牛仪容不洁、猫头鹰怕黑黏人……阿莫总是耐心温柔地去接纳每个动物的特质，陪着它们成长。动物们也会在阿莫生病时牵挂着阿莫，从动物园出发来到阿莫家中看望自己的朋友，自发地回馈阿莫的关爱。

教师读绘本时，注意引导学生观察细节并总结。

1. 他跟大象下国际象棋，大象思维迟缓，大象每下一步棋都要想啊想，阿莫做了什么？
2. 和行动缓慢的乌龟赛跑，乌龟从没输过，阿莫做了什么？
3. 企鹅特别害羞，阿莫陪内向的企鹅安静地坐一坐。阿莫为什么这么做？
4. 犀牛总爱流鼻涕，阿莫给仪容不整洁的犀牛递手绢。阿莫为什么这么做？
5. 太阳落山时，阿莫为猫头鹰读书、讲故事。阿莫为什么这么做？

（三）教师根据绘本内容提问

1. 故事内容中最令你感动的地方是什么？为什么？

参考回答：理解、关心与爱、信任、互助。

2. 教师请学生两两一组分享彼此的想法，然后邀请学生自由分享。

3. 教师请学生在《训练手册》第二课的“我的感谢行动”中写出受人照顾、帮助和鼓励的感受是什么，以及分享自己曾经做出的具体回馈。

参考回答：《阿莫的生病日》是讲一个朋友之间如何长期保持友情的故事，故事中的友情是建立在朋友之间信任与理解和互助之上的。阿莫是一个懂得细心照顾到每一位朋友的人。在生活、学习中如果要维持一段长期的关系，你需要用心投入。作一个比喻，就像你种下一颗种子，如要它开花结果，需从种下到结果这段时间进行精心的养护。我们与好朋友的友情培养就像从种子种下到开花结果的过程。

二 游戏“你来我往”（10分钟）

“你来我往”视频

（一）教具

乒乓球、4个纸杯、“你来我往”视频（教师课前学习）。

（二）过程

1. 游戏分两轮。两人距离相隔1.5米或以上，可以逐渐拉长距离增加难度。

2. 第一轮，A同学扔乒乓球，B同学手捧4个纸杯，每用纸杯接住一个乒乓球后，就将纸杯抽出叠在底部，接满4个游戏结束。

3. 第二轮，A、B同学互换角色重复比赛。游戏可以分多组进行，看看哪组同学最快。

4. 总结。比赛获胜的队伍分享在准备比赛的过程中是如何沟通的。例如：认真观察同学的动作、通过语言沟通指导对方以及信任对方等。

三 游戏“你说我画”（20分钟）

（一）教具

图画卡4张（可打印多媒体课件“你说我画”工作纸或根据学生情况自行准备）、油画棒、白纸。

（二）过程

1. 两名学生一组，每组一张“你说我画”图片（可重复）。A 同学是指挥者，B 同学是执行者，合作再现一幅图画，看看哪组画得最贴近原图。

2. 规则是指挥者 A 同学不能让执行者 B 同学看到原画，A 同学也不能说出图画名字和内容，不能比画手势，只能描述细节。举例：

A 同学说：“首先画一个三角形，三角形下面是一个长方形。接着在长方形里面画出两个正方形……”

B 同学根据 A 同学的描述画出此画。注意：A 同学不能说“现在我们要画一个房子”，但是 A 同学可以描述“现在我们开始画一个给人居住的地方”。

（三）分享

教师请两个小组进行展示和分享。

1. 与原图差异较大的一组。师：“这个与原图差异很大，请说一说为什么会这样呢？”

双方有可能由于缺乏沟通，或者沟通出现问题了，导致差异较大。教师应强调即使绘画出现偏差，也是一个很美好的体验，在画画的过程中大家都欢笑连连，因此不要互相埋怨对方，充分表现理解、沟通和宽容在交友中的重要性。

2. 与原图差异较小的一组。师：“请说一说成功的原因。”

成功是因为有良好的沟通。

3. 教师总结。

师：交友艺术包括乐于沟通、尊重差异、彼此欣赏以及宽容和谐等。如果我们与朋友、同学在日常交往中，能够有意识地在面对差异时积极沟通，尊重和理解彼此的差异，友谊之花就能时常绽放。

教学过程

第三课时

师：“在第二节课中，我们认识到交友过程中沟通和理解的重要性。这节课我们一起来认识交朋友的另外一个品质——信任。”

一 制作友谊之花（20 分钟）

（一）教具

油画棒、白纸、剪刀、碟子（装满水）、“友谊之花”视频（上课前教师先观看，学习如何制作）。

“友谊之花”视频

（二）过程

1. 让学生先在白纸上画一个六边形，再在六边形外画出六片花瓣。

2. 让学生在花瓣内写下自己所认为的关于好朋友的定义并分享。教师举例：“我认为的好朋友是我们在一起时总是欢声笑语，是能尊重彼此，是能互相帮助对方学习，是能分享心事……”

3. 让学生给每一片花瓣涂上喜欢的颜色（引导学生用油画棒涂颜色）。

4. 用剪刀小心地将花剪下来。教师请学生分享他们心目中好朋友的定义，每位学生回答后，都请全班同学鼓掌感谢分享，表达支持。教师总结：“同学之间要做到将心比心、推己及人。唯有如此，才能让我们和好朋友的友谊日益加深，更加长久健康。”

5. 让学生将花瓣一个个朝内折起来，形成一个小六边形花蕾。

6. 把六边形花蕾放在水中，请学生一起观察。

7. 纸张吸收水后出现毛细现象，六边形的花蕾慢慢打开花瓣，最后友谊之花完全盛放。

8. 课后作业：请学生做一朵“友谊之花”送给自己最好的朋友，并写上祝福语。

二 游戏“与友同行”（15 分钟）

（一）教具

气球、书本、杯子。

（二）过程

1. 团队共同合作，N 人夹着 $N-1$ 个气球，并列组成一排，然后从起点走向终点，再从终点返回起点。

2. 从起点到终点设置 3 ～ 4 个障碍，例如书本、杯子等。（注意安全）

3. 参赛者必须跨过这些障碍到达终点。

（三）分享——友谊第一，比赛第二

教师采访学生完成这个游戏的体会，例如：团体合作、协同合作、善于观察、分享与分担等。

教师分享，引导学生分析：“关于体育比赛，我们耳熟能详的一句口号是‘友谊第一，比赛第二’。赛场上是对手，赛场下是朋友，这样的运动员在世界体坛上并不少见。同时，在篮球、足球等团体运动比赛中，当同队小伙伴有机会投篮或入球的时候，我们也会传球给他，赢得胜利。队友间的信任和配合，也说明我们由初识到交往过程中，分享与分担必须是双向的”。朋友间需要信任，要平等互惠，才能实现默契和双赢。

三 课程总结（3 分钟）

师：“我们上了三节关于‘朋友’的课，请问同学们对于友谊、交友、朋友等概念或内容有什么想法？或者你记忆最深的是课程哪个部分或环节？”（请学生回答，教师做课程总结）

1. 倾听朋友的诉说，有误会后适度沟通，理解朋友。

2. 做好自己，推己及人，帮助朋友，分享与分担是双向的。

四 总复习（2 分钟）

教师使用《训练手册》第二课的“我的感谢行动”问答卡，全班一起完成第二课的问答题。

课后作业

完成《训练手册》第二课的“友谊小书签”。

教学反思记录表

年　　月　　日

班级		教师	
教学课题			

问题仅供参考：

1. 在教学过程中是否达成教学目标？如果没有，原因是什么？
2. 课程、教材的疑点有哪些？如何处理？
3. 在上课过程中，学生的疑点有哪些？如何处理？
4. 组织教学方面，启发是否恰当？有使用新方法吗？
5. 本次课程如有心理游戏或训练，是否运用到位？原因是什么？

第三课
感念师恩

课　　时

2 课时。

教学目标

1. 让学生认识教师节的由来及世界各国的教师节，了解教师节的意义；

2. 让学生了解孔子的生平事迹及其非凡的胸襟与理想，坚定为理想而奋斗的信念；

3. 让学生知道老师的辛劳，感受到老师的付出。

重点难点

教学重点：知道中国教师节的日期和意义。

教学难点：学生认识自己与老师的关系，体会老师的辛苦，勇于表达自己内心的感受并感谢老师。

教学方法

讲授法、讨论法、体验法。

教　　具

多媒体课件（第三课“感念师恩”PPT、第三课第一课时“孔子”视频、《感恩与生命教育》问答卡）、配套《训练手册》、塑料杯、其他国家的教师节介绍视频（自行上网搜索）、“杯子舞”视频（自行上网搜索）。

教学过程

第一课时

一 教师节的由来（10 分钟）

（一）中国的教师节

1. 师："中华人民共和国的教师节是哪一天？同学们在学校里会怎么庆祝呢？"

2. 教师解说，让学生了解教师节的由来，增进学生对教师节的认识。

3. 师："除了中国的教师节，其他国家的教师节又是哪一天？他们会如何庆祝呢？"

（二）其他国家的教师节

1. 葡萄牙的教师节。

葡萄牙是最早确立教师节的国家。1890 年 5 月 18 日，葡萄牙科英布拉大学的毕业生为了感谢老师的教育之恩，纷纷向老师敬献彩带，老师在彩带上签名后还给学生留作纪念。后来，葡萄牙政府就把这一天定为教师节，每年举行庆祝活动，迄今已有 130 多年历史。

2. 国际教师节。

葡萄牙政府的这一尊师重教的做法被世界许多国家效仿。1994 年初，联合国教科文组织宣布，每年 10 月 5 日为"国际教师节"，目的是向全世界的所有教师表达国际社会的崇敬之情。

二 大成至圣先师——孔子（5 分钟）

播放"孔子"视频。

孔子（前 551—前 479），名丘，字仲尼，鲁国陬邑（今山东曲阜）人，祖籍宋国栗邑（今河南夏邑），中国古代思想家、政治家、教育家，儒家学派创始人。孔子有教无类、因材施教，直到今天都是教育工作的理想与典范，因此后人尊称其为至圣先师、万世师表。孔子的言行被他的学生记录下来，结集成后世经典——《论语》。

三 老师的一天（25 分钟）

1. 教师课前布置作业，请学生选定一位老师，观察其一天的工作，并记录在《训练手册》第三课的“老师的一天”工作表格。

2. 导入。师：“你们猜一猜，老师们不在教室讲课的时候都在做些什么？”教师请2～3位学生进行发言。

3. 学生分组，根据自己记录的内容对“老师的一天”进行讨论，了解教师一天的工作有哪些。

4. 请各组选出一名代表发表本组所讨论的内容和感受，教师给予适当回应。

“孔子”视频

教学过程

第二课时

一 心中理想的老师和理想的学生（15 分钟）

1. 请学生打开《训练手册》第三课，完成“理想教师与理想学生”工作表格，并写下想对老师说的话。

2. 学生分小组讨论心中理想的教师是怎样的，要具备哪些条件。教师可以引导学生从以下方面思考：

（1）说一说最喜欢的某一位老师的特征。

（2）说一说老师平常为我们做了哪些事，他们工作时候的样子是怎样的。

（3）说一说老师给你留下深刻印象的事迹。

3. 讨论完心中理想的教师，请学生换位思考：如果我是一位老师，那我心中理想的学生是什么样子的？要具备什么条件？

4. 教师请 2 ～ 3 组同学进行分享。

二 感谢教师（13 分钟）

（一）教具

视频（自行上网搜索其他国家教师节的相关视频）。

（二）过程

1. 想一想，说一说。

师：“上一年的教师节，你是如何向老师表达感谢的？”

2. 教师总结。

师："每个人的人生中，都需要有一位耐心的老师，都需要一堂受用终生的课。人生，也许就因为一句话、一堂课、一次交流、一件小事而改变。而带来这份改变的人，就是'老师'。"

（继续上一节课的"老师的一天"环节，师生进行讨论。）

3. 看5分钟视频。师："刚刚听了同学们分享教师节向老师表达感谢的方式，我们也看看其他国家的学生是如何感谢老师的。"

三 艺术小游戏"杯子舞"（10分钟）

（一）教具

塑料杯、"杯子舞"视频。

（二）过程

师："我们刚刚了解了教师节的来源以及孔子的故事。现在我们来学习一个可爱的杯子舞。这个小舞蹈，无论是向老师，还是向父母，或是向医务人员表示感谢都是可以的。让我们通过美妙的音乐和手势，一起表达感恩之心。"

1. 自行网上搜索"杯子舞"视频，向学生播放。

2. 带领学生熟悉音乐并逐个步骤学习杯子舞动作。

3. 课后学习熟练之后，学生开始课堂表演，老师记录此次课堂表演。

四 总复习（2分钟）

教师使用《感恩与生命教育》问答卡，全班一起完成第三课的问答题。

课后作业

根据实际情况，补充完成《训练手册》中第三课的内容。如学生在课堂中已经完成，则不需布置课后作业。

教学反思记录表

年　　月　　日

班级		教师	
教学课题			

问题仅供参考：

1. 在教学过程中是否达成教学目标？如果没有，原因是什么？
2. 课程、教材的疑点有哪些？如何处理？
3. 在上课过程中，学生的疑点有哪些？如何处理？
4. 组织教学方面，启发是否恰当？有使用新方法吗？
5. 本次课程如有心理游戏或训练，是否运用到位？原因是什么？

第四课
感恩生命

课　时

2 课时。

教学目标

1. 让学生认识到人的一生须经历生老病死，初步认识和体验人的生命是可贵的，懂得珍惜生命；

2. 让学生学会面对人生困难，以直面和解决困难的态度面对生命；

3. 让学生理解可以通过树立人生理想和职业目标让自己的生命变得更加有意义。

重点难点

教学重点：理解自己也会经历生老病死，能够敬畏生命、珍惜生命。

教学难点：树立个人理想与职业目标。

教学方法

活动法、讨论法、体验法、实验法。

教　具

多媒体课件（第四课感恩生命 PPT、《感恩与生命教育》问答卡）、绘本《大脚丫跳芭蕾》、彩色便利贴、气球、打气筒、音乐、画笔、配套《训练手册》、“一分钟变老”视频（自行上网搜索）、绘本《大脚丫跳芭蕾》视频（自行上网搜索）。

教学过程

第一课时

一 活动导入（10 分钟）

师："通过前面几节课的学习，特别是学习了绘本《小威向前冲》，我们知道了生命从哪里来，找到了我们自己的来处。今天呢，老师想要和同学们一起讨论一个很大很大的话题——生命到哪里去。同学们想一想，人也是地球上的一种生物，对不对？从这个角度来讲，我们每个人都会经历生老病死。同学们有没有想过自己长大以后、变老以后的样子呢？"

（一）教具

"一分钟变老"视频。

（二）过程

1. 自行上网搜索"一分钟变老"视频，向学生播放。

2. 想一想，说一说。

（1）看完这个视频，你觉得自己能活到多少岁？

师："想一想你们的爷爷奶奶、外公外婆他们多大了？随着科技的进步和医疗水平的提高，我们中国人的平均寿命已经到了 77 岁多，未来我们的平均寿命也许能提升到 100 岁。"

根据 PPT 上显示的图表数据，对比中华人民共和国成立前中国人均预期寿命与目前中国人均预期寿命。

中华人民共和国成立以前，我国人均预期寿命只有 35 岁，1957 年为 57 岁，1981 年为 68 岁，2018 年则达到 77 岁——人均预期寿命显著增加，见证了中国人从饥寒交迫到物质丰富、从缺医少药到病有所医的"华丽转身"。

（2）我们随着逐渐长大、变老，可能会遭遇哪些疾病？对此你有何感受？（教师提问2位学生。）

师：“我们从出生到现在，都出现过感冒、咳嗽、拉肚子等症状，但是我们人类机体有强大的修复功能，很快就好起来。当然也有些病很难治愈，需要人们长久地与病魔做斗争，比如……（可以找一个真实的案例）。这些事例反映了人的生命只有一次，人们会竭尽全力与死亡做斗争。”

（3）在不断长大的过程中，人们会一直一帆风顺吗？我们还可能会遇到哪些困难和挫折呢？

师：“人的成长过程不可能一直一帆风顺，我们可能遇到各种各样的困难（可举例）。这些困难和挫折可以作为我们成长路上的垫脚石，使我们在经历磨炼后更快更好地成长。”

二 绘本阅读《大脚丫跳芭蕾》（20分钟）

（一）教具

绘本《大脚丫跳芭蕾》视频、《训练手册》。

（二）过程

1. 教师自行上网搜索绘本《大脚丫跳芭蕾》视频，向学生播放视频。

2. 说一说。请学生说一说，并完成《训练手册》第四课“我的感悟”的内容。此外，请2～3位同学分享感悟。师：“在贝琳达的故事中，贝琳达遇到了什么困难？她如何对待自己的困难呢？你有哪些感悟呢？”

师：“生活中的挫折和困难，如同身体生病一样在所难免。就像感冒了要好好吃药、注意保暖那样，当我们感到茫然、不知所措时，不应该逃避问题，反而应该积极寻求帮助。其实我们每个人身上都有优点和缺点，有时候缺点更容易被别人看见，但我们不应该自我放弃，在逆境中要调整自己的心态，通过努力和坚持，有些缺点虽然难以改变，但我们可以发挥自己的优点，保持对梦想的执着追求。”

3. 了解《大脚丫跳芭蕾》的作者。

师：“我们刚刚了解了《大脚丫跳芭蕾》的内容，其实绘本的作者也与贝琳达一样，在追求梦想的过程中遇到挫折……”。

《大脚丫跳芭蕾》是美国作家埃米·扬的第一本绘本作品，描绘了芭蕾舞者贝琳达追梦的故事。埃米虽然取得了印第安纳大学艺术硕士学位，但在她以绘画为主业前，她做过许多不同的工作。求学期间她当过餐厅服务员，也曾在农场和建筑工地打工。后来，她进入哈佛大学法学院学习并获得法学博士学位，毕业后又从事法律事务七年。直到 1995 年，她才放弃令人羡慕的律政事业，全心投入绘画工作。由于她有着丰富的工作经验，她对于如何平衡专业和兴趣有着很深的体会。她过往的经历简化成《大脚丫跳芭蕾》这本绘本。《大脚丫跳芭蕾》讲述了认真学习芭蕾舞的贝琳达因为她的一双大脚而没有得到选拔会评审的青睐，使她的自信心大受打击，放弃芭蕾舞另找了餐厅服务员的工作。在餐厅老板的邀请下，贝琳达开始为餐厅的客人们跳芭蕾舞。有一天，机会终于来了，她得到大都会芭蕾舞团指挥的赏识，又重新回到舞台，实现了自己的梦想。

三 困难漂流（10 分钟）

（一）教具

彩色便利贴。

（二）过程

1. 师：“请同学们写出在自己身上真实出现过的困扰或困境，并分析成因，如果有解决方法也请写下来，如果没有就写上‘暂时没解决’，然后匿名提交给老师。我们让这些困难先漂流一会儿，等我们更加有力量、有更多支持的时候再重新来面对它。”

2. 教师解释什么是困扰或困境，并举例。师：“例如，学习成绩不理想、父母离婚、亲人去世等等，这些事情会给你造成困扰，你可能觉得不开心、想哭，或者是心情烦躁却无法表达，甚至会发脾气扔东西。这些情绪都是正常的，如同身体生病一样在所难免，那么，你是否可以从自己的生活经验、老师与父母的教导中找到解决办法？”师：“又例如，某位同学的困扰是上一次考试成绩下降了，分析原因为这段时间有点贪玩，加上换了班主任，有些不适应；处理的方法就是安慰自己这一次考差了没关系，只要接下来继续努力学习，成绩还会提高的。”

3. 教师请学生在彩色便利贴上匿名写上困扰及解决方法，如有学生写了困扰和解决方法，可以请学生分享，为下节课的“人生困难拆弹专家”活动做参照。教师收集写好的纸条，用于下一课时的活动。

教学过程

第二课时

简单回顾上一课时，我们将生命中的困难类比为身体生病，我们应该发挥生命的韧性，积极面对与解决困难，要认识到生老病死是自然规律，是每个人都必须经历的生命历程。教师可选择重复播放一次“一分钟变老”视频。

一 人生困难拆弹专家（19 分钟）

（一）教具

上一课时收集的纸条、红色气球若干（10 ～ 15 只）、打气筒 1 支、音乐 1 首。

（二）课前准备

利用课间时间，教师与助教从上一课时回收的真实困扰小纸条中，选出 10 ～ 15 个较为普遍的话题，折起来，封进红色气球中并给气球充满气。

（三）过程

（1）有条件的班级，请学生围成一个大圈坐好。

（2）选一只气球交到某一名学生手中，该学生需要做好传球的准备。在教师播放音乐的同时，学生们快速传递气球。

（3）当音乐停下（教师随机点击暂停），拿着气球的学生需要弄破气球取出困扰纸条（戏剧化体会困境与困难的破坏力），并大声读出纸条上的具体困境。

（4）该学生就纸条上写下的困扰（如考试不及格、遭遇同学欺负、家庭经济困难等）想出一个好的解决办法，并大声讲出来。

例：“家庭经济困难”，可引导学生提出主动帮爸爸妈妈分担家务、省吃俭用、申请奖学金等解决办法。

（5）坐在该学生左右两边的同学，依次就该学生的解决办法提出可行的建议和鼓励的话，从而支持这位同学。

例如：左右两边的同学可以提出“不花钱买不健康的零食”“穿表哥或表姐留下来的衣服”等具体方法。

（6）一轮完成后，可以继续播放音乐以及传气球，以此类推。教师总结：“其实，只要我们用乐观的态度面对，积极主动寻找解决办法、寻求帮助，我们遇到的这些困难就可以成为我们成长和成功道路上的垫脚石。”

二 画出我未来（19 分钟）

（一）教具

《训练手册》第四课“我的 30 岁自画像”。

（二）想一想、说一说

教师结合自身情况给出回答示范，并邀请 3 ~ 5 位学生回答下面两个问题，要求所有学生认真思考这两个问题，在心里写下答案。

1. 回顾上节课“一分钟变老”的视频，参照周围的长辈、老师等人，想一想 30 岁的自己会是什么样子（样貌和性格）？

师：“老师现在也才不到 30 岁，老师觉得自己 30 岁的时候会变得更自信、更成熟，同时，眼角的皱纹也会越来越多。”（此处根据教师自身情况进行举例）

2. 结合你现在的个人兴趣、想法喜好以及个人能力，想象 30 岁的你在做些什么？生活在什么地方？做什么样的工作？

师：“虽然老师只能选择一个地方居住，但是现在交通非常发达，老师可以给全国各地的学生上心理课；30 岁的时候肯定会成为更厉害的老师，说不定可以是专家级别的心理老师；学生们会更喜欢老师上的心理课，老师也能帮助更多学生认识自己、了解自己。”（此处根据教师的自身情况进行举例）

（三）我的 30 岁自画像

1. 学生们拿出《训练手册》和画笔。

2. 自画像活动规则。

（1）学生按自己的个人兴趣、理想和能力，想象自己 30 岁的模样和状况；

（2）在《训练手册》第四课“我的 30 岁自画像”上画下 30 岁的自己，以表达对未来的憧憬和期望；

（3）在自画像下方用文字写下对自画像中 30 岁的自己的解释，含姓名、年龄、居住地、职业（重点）。

师：“在刚刚的讨论中，我们每个人都认真设想了自己 30 岁的样子，以及 30 岁时做的事情。现在，请根据你的设想，画出 30 岁时的自己。给 30 岁的自己画一幅自画像，就像拍照一样，只能定格一个瞬间，你会选择画出哪一个样子呢？”

3. 分享与讨论。

请 3 ～ 5 位学生分享自己的 30 岁自画像。

师：“把你的自画像展示给全班同学看，并做简单说明。”（分享要点可以参考以下几点进行引导）

（1）画像中的你是什么样子（描述自画像）；

（2）画像中的你在从事什么工作（延展至 30 岁时的一般生活想象）；

（3）这是不是你的理想职业（将未来与现在联系起来）；

（4）可以如何实现它（进一步将未来与现在联系起来）。

备注：建议分享引导语按步骤进行，学生回答了上一个问题之后，教师再抛出下一个问题。

师：“（小结）感谢刚才这几位同学的分享。老师发现，每一个同学都对自己的未来有很多憧憬和想象。当我们能够画出来 30 岁时自己的具体样子，我们也就能够明确自己的人生目标。只要目标明确，再结合自身的兴趣与能力水平，努力向着目标进发，最终，我们就能够实现自己的理想。”

三 总复习（2 分钟）

教师使用《感恩与生命教育》问答卡，全班一起完成第四课的问答题。

教学反思记录表

年　　月　　日

班级		教师	
教学课题			

问题仅供参考：

1. 在教学过程中是否达成教学目标？如果没有，原因是什么？
2. 课程、教材的疑点有哪些？如何处理？
3. 在上课过程中，学生的疑点有哪些？如何处理？
4. 组织教学方面，启发是否恰当？有使用新方法吗？
5. 本次课程如有心理游戏或训练，是否运用到位？原因是什么？

第五课 新年团圆啦！

课　　时

2 课时。

教学目标

1. 让学生通过阅读绘本感受人与人之间的情感、团圆的味道；

2. 让学生理解年是中国人的传统节日，是一个团圆的日子；

3. 让学生掌握剪窗花的技巧。

重点难点

学生认识春节代表团圆，感恩团圆的来之不易。

教学方法

讲授法、讨论法、体验法、表演法。

教　　具

多媒体课件（第五课“新年团圆啦！”PPT、《感恩与生命教育》问答卡）、配套《训练手册》、窗花红纸、彩色纸、笔、剪刀、固体胶、绘本《团圆》、“回家过年”视频（自行上网搜索）、“剪窗花”视频（自行上网搜索）。

教学过程

第一课时

一 导入——春节（15 分钟）

（一）教具

自行上网搜索关于回家过年的视频，播放 8 分钟。

（二）导入

师：“作为中国人，我们有一个已经过了 4000 多年的传统节日，你们猜一猜是什么节日？”（春节，即农历新年，是一年之首。）

师：“请大家说一说，你觉得过年最有趣的事情是什么？你最喜欢的是什么？”

学生发表想法，教师总结。

师总结：“舞龙舞狮、贴春联、贴福字、穿新衣、包饺子、贴窗花、走亲戚、放鞭炮、领红包……这些都是同学们喜欢做的、觉得很有趣的。我们都知道春节代表团圆，那么为什么大家都会回家过年呢？我们一起看看关于回家过年的视频吧。”向学生播放视频。

（三）总结

1. 家是国人灵魂的归宿。
2. 家有父母之恩，慈爱常常温暖游子之心。
3. 家是温馨的小窝，可挡住雨雪风寒。

二 阅读绘本《团圆》（25 分钟）

（一）故事综述

《团圆》讲述的是一个小女孩过年时经历的故事。爸爸远离家乡外出打工，每年过年一家三口才得以团聚，在短短几天中小姑娘对爸爸从生疏到亲昵，但不得不再次面对分离。在中国，春节短暂的团圆是很多孩子、父母、家人一年来翘首以盼的时刻，是一年来最弥足珍贵的幸福。

（二）故事讲解

教师与学生一起阅读绘本《团圆》。此绘本未标注页码，教师结合画面查找对应讲解内容。

1. 封面与封底：《团圆》的作者是余丽琼，画者是朱成梁。

师："大家看一看画面，有一些什么呢？猜一猜这些东西是谁用的。"画面上有卷尺、对讲机、安全帽以及笔记本，好像瓶子里还有一枚硬币。

2. 扉页文字：爸爸在外面盖大房子。他每年只回家一次，那就是过年。今天，妈妈和我都起得特别早，因为……

师："因为什么呢？"

看到这页日历，我们知道这一家三口是在除夕团聚。

师："除夕就是我们常说的大年三十。春节是中国的传统节日之一，也是一年中最隆重的节日。刚刚我们讨论回家过春节，除夕吃年夜饭代表团圆。"

3. p1 ～ p2。师："爸爸回家啦，请同学们观察画面都有什么，小姑娘在做什么。"

整条大街挂满了灯笼，充满了过年的气氛。小姑娘躲起来了，悄悄地看着爸爸和妈妈走过来。师："小姑娘为什么这么做呢？"有可能是一年不见爸爸，有一些陌生，有一些害羞。

4. p3 ～ p4 内容：我远远地看着他，不肯走近。爸爸走过来，一把抱起我，用胡子扎我的脸。"妈妈……"我吓得大哭起来。"看我给你买了什么！"爸爸赶紧去掏他的大皮箱——哦，好漂亮的帽子！妈妈也换上了爸爸买的新棉袄。

5. p5 ～ p6 内容：吃过午饭，爸爸对我说："走，剪头发去。剪了头发，明年就会顺顺当当的。"我坐在椅子上等爸爸。呀！镜子里的爸爸越来越像以前的爸爸了！新年前，我们一般会理发、打扫卫生，干干净净地迎接新年。爸爸风尘仆仆地从工作的地方回到家乡，理发后，变回原来的样子，不陌生了。

6. p7 ～ p8。师请学生观察图片，引导思考：小姑娘和爸爸在做什么呢？小姑娘和爸爸在贴对联

7. p9 ～ p10 内容：“包汤圆喽”，爸爸把一枚硬币包进汤圆里，“谁吃到它，谁就会交好运喔！”这天夜里，爆竹“噼噼啪啪”地响个不停。我依偎在爸爸妈妈身边睡着了，迷迷糊糊地，我听见爸爸妈妈在轻轻地说着话，他们说啊说啊……

8. p11 ～ p12。师：“新年的第一天，一家人有什么活动呢？”——第二天一大早，妈妈就端上了热腾腾的汤圆，爸爸用勺子喂给我吃。突然，我的牙被一个硬东西硌了一下。“好运硬币！好运硬币！”我叫起来。“毛毛真棒！快收到兜里，好运就不会跑掉喽！”爸爸比我还开心呢。妈妈给我换上了新棉袄，要去拜年啦！

师：“同学们，农历大年初一，你家又有什么活动？”

9. p13 ～ p14 内容：路上，我遇见大春。“毛毛，你去哪儿啊？”“我跟爸爸去拜年！”“我也是。看，我有大红包！”“这有什么稀奇”，我从兜里掏出那枚硬币，“我有好运硬币！爸爸包在汤圆里，给我吃到了！”

10. p15 ～ p16 内容：大年初二，天阴沉沉的，要下雪了。一大早，爸爸就忙了起来，补窗户缝、刷新门漆、换新灯泡……呀！家里一下子变得亮堂堂了。“走，补屋顶去喽！”爸爸冲我努了努嘴。太好了，那儿是妈妈从来不准我一个人上去的地方呢！

11. p17 ～ p18 内容：哈，我看见了大春家的屋顶。“咦，那边是什么声音啊？”“噢，大街上在舞龙灯呢！”爸爸直起身子，看了看远处。

12. p19 ～ p20 内容：“在哪儿在哪儿？”我使劲儿踮起脚尖。爸爸让我骑到了他的肩膀上，说道：“这回看到了吧？”我兴奋地回道：“看到了看到了，他们过来啦！”

师：“由大年三十到大年初二，小姑娘的心情是如何的？她为什么这么高兴？”因为大家都沉浸在团圆的欢乐气氛里了！

13. p21 ～ p26，故事出现了转折点，小姑娘弄丢了她的好运硬币。

① p21 ～ p22 内容：大年初三，下雪了，下得好大好大！下午，雪终于停了，大春他们来找我玩。我们在院子里堆了一个大雪人，然后开始打雪仗。

② p23 ～ p24 内容：天快黑的时候，我才回到家里，一摸口袋——啊，不见了！好运硬币不见了！我冲到院子里，院子里全都是雪，我的好运硬币在哪儿？

③ p25 ～ p26 内容：“毛毛别哭，我再给你一个。看，跟那个一样！”爸爸摸出一枚硬币。“不要不要，我就要那个！”我一边哭一边叫。晚上，我难过地爬上床，脱棉袄的时候——“叮当”，有个东西掉到了地上。硬币！我的好运硬币！“爸爸快来看，好运没丢，它一直在我的身上！”

师：“当小姑娘以为自己弄丢了硬币的时候，是怎样的心情？你有没有相类似的经历？”

14. p27 ～ p28 内容：那天夜里，我睡得特别香……早上一起来，我就看见妈妈在为爸爸收拾东西——爸爸今天要走了。

师：“大家看日历，这一天是大年初几？爸爸一共在家待了几天（从 23 号到 27 号）？这样的团圆因为短暂而显得特别珍贵！”

15. p29 ～ p30 内容：爸爸很快就收拾好了，他走到我身边，蹲下来用力抱住我。他在我耳边轻轻地说：“下次回来，爸爸给你带一个洋娃娃，好不好？”我拼命地摇头，说：“不！我要把这个给你……”

（三）总结

1. 看完故事，请学生们分组讨论：这个小故事讲了哪些春节的习俗？具体讲讲你们家都是怎么过年的。（团圆、包汤圆、穿新衣、拜年等）

2. 请学生思考：小姑娘从迎接爸爸回来到送爸爸离开，心情有哪些变化呢？

3. 和同学分享：看了这个小故事，你有怎样的感受？

4. 小结：过春节的时候，远在外地工作的人都会想办法回家跟全家团圆。所以，春节是一年里最团圆、最温暖的日子。家人也都会祝福远在外地工作的人平安、顺利、新年好运。

教学过程

第二课时

一 剪窗花（5 分钟）

（一）导入

剪窗花是民间剪纸艺术的一种。剪窗花流行于我国各地，以陕西最为著名，许多人家的窗户上都贴有窗花。特别是过年时，在窗户上贴窗花已成为一种传统，剪纸成为了装饰品。教师利用 PPT 展示不同地方的民间窗花。

（二）共读《剪窗花之歌》

师：请同学们跟老师一起学习并朗读。

小剪刀，手中拿，我学奶奶剪窗花。
剪只鸡，剪只鸭，剪条鲤鱼摇尾巴。
剪只鸡，剪只鸭，剪条鲤鱼摇尾巴。
大红鲤鱼谁来抱，哦！再剪一个胖娃娃。

二 手工活动——剪窗花（33 分钟）

（一）剪窗花手工练习

1. 教具：窗花红纸、练习使用的彩色纸、笔、剪刀、固体胶、《训练手册》第五课、“剪窗花”视频（教师自行上网搜索并在课前学习）。

2. 教师先通过视频学习剪窗花，然后根据 PPT 讲解剪窗花步骤。

3. 学生练习：

（1）领取彩色练习纸与剪刀。

（2）学生根据教师的讲解步骤，用彩色练习纸按步骤学习剪出窗花。

（二）剪窗花贴窗户

当学生能够在彩色练习纸上顺利地剪出窗花之后，教师发放窗花红纸，由学生剪出喜欢的窗花，并保存好带回家贴窗户。

（三）学习剪新窗花

1. 教师根据教学 PPT 再次传授新的窗花图案的剪纸方法。
2. 学生在彩色练习纸上学习剪新的图案，直到能够剪出为止。
3. 教师发放红纸，让学生根据自己的喜好剪出喜欢的图案。
4. 学生将剪好的窗花贴在《训练手册》第五课的“我的窗花作品集”的空白处。
5. 同学之间互相评比，评选出最漂亮的作品。

三 总复习（2 分钟）

教师使用《感恩与生命教育》问答卡，全班一起完成第五课的问答题。

教学反思记录表

年　　月　　日

班级		教师	
教学课题			

问题仅供参考：

1. 在教学过程中是否达成教学目标？如果没有，原因是什么？
2. 课程、教材的疑点有哪些？如何处理？
3. 在上课过程中，学生的疑点有哪些？如何处理？
4. 组织教学方面，启发是否恰当？有使用新方法吗？
5. 本次课程如有心理游戏或训练，是否运用到位？原因是什么？

参考文献

[1] 扬. 大脚丫跳芭蕾 [M]. 柯倩华，译. 石家庄：河北教育出版社，2007.

[2] 斯蒂德 F，斯蒂德 I. 阿莫的生病日 [M]. 阿甲，译. 南昌：二十一世纪出版社，2012.

[3] 国家统计局. 人口总量平稳增长，人口素质显著提升：新中国成立 70 周年经济社会发展成就系列报告之二十 [EB/OL]. [2019-08-22].http://www.stats.gov.cn/sj/zxfb/202302/t20230203_1900430.html.

[4] 兰德雷斯. 游戏治疗 [M]. 雷秀雅，葛高飞，译. 重庆：重庆大学出版社，2011.

[5] 费尔德曼. 儿童发展心理学 [M]. 苏彦捷，等译. 北京：机械工业出版社，2015.

[6] 艾伦. 小威向前冲 [M]. 李小强，译. 贵阳：贵州人民出版社，2008.

[7] 任胤善. 美术治疗实践笔记：用一场心灵旅行与自我相遇 [M]. 金熙雯，译. 北京：机械工业出版社，2014.

[8] 孙晶. 心理班会课是这样设计的：24 堂成长课的奇迹（初中篇）[M]. 北京：清华大学出版社，2017.

[9] 童玉娟. 亲子心理画：情商 + 学能 + 素养的 72 个培优方案 [M]. 北京：清华大学出版社，2019.

[10] 严虎，陈晋东. 绘画分析与心理治疗手册 [M]. 长沙：中南大学出版社，2016.

[11] 余丽琼，朱成梁. 团圆 [M]. 济南：明天出版社，2008.

系列书介绍

《儿童心理健康活动操作指南》

《儿童心理健康活动操作指南：儿童情绪管理》

《儿童心理健康活动操作指南：感恩与生命教育》

《儿童心理健康活动操作指南：专心我能行》

《儿童心理健康活动训练手册》

《儿童心理健康活动训练手册：儿童情绪管理》

《儿童心理健康活动训练手册：感恩与生命教育》

《儿童心理健康活动训练手册：专心我能行》

《乡村儿童心理健康调查报告》